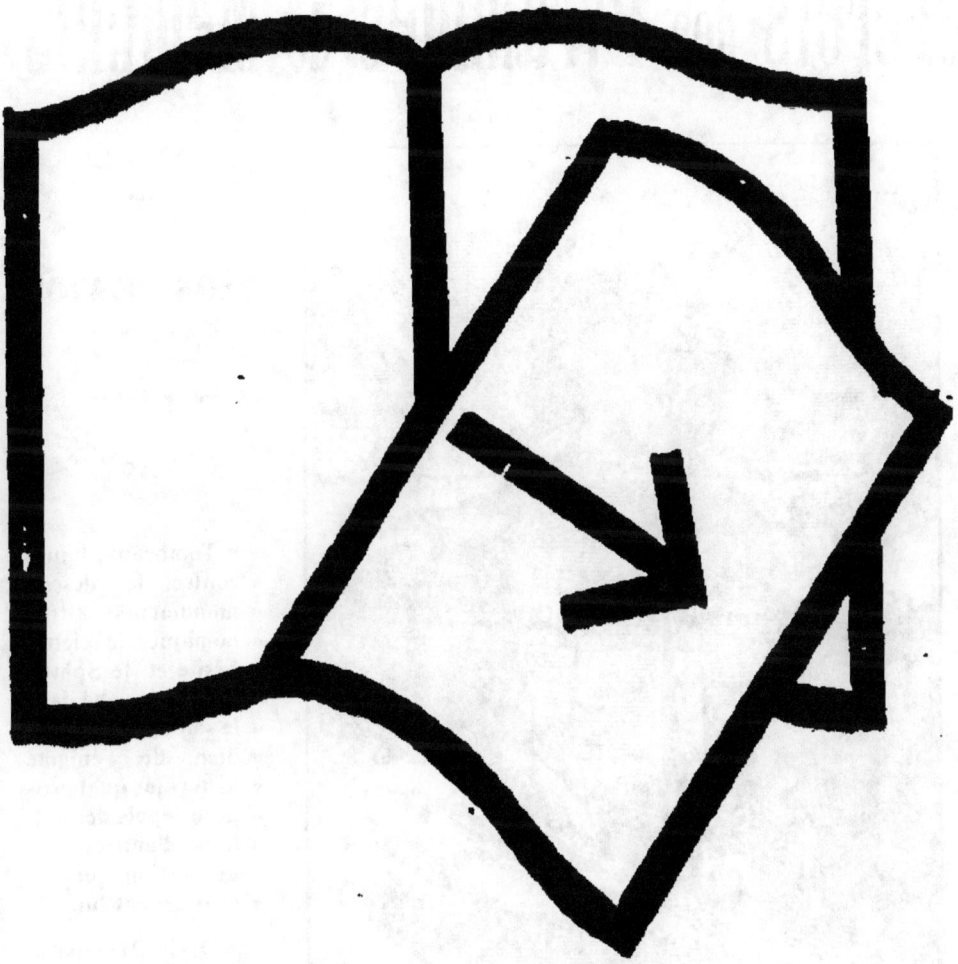

Couverture inférieure manquante

ÉGYPTE

LES
Secrets des Pyramides de Memphis

PAR

LÉON MAYOU

▼ ‒ ● ‒ ▲

« Tombeaux, digues
« contre le désert,
« monuments astro-
« nomiques, la science
« hésite et le Sphinx
« est là, couché dans
« le sable, éternel gar-
« dien de l'énigme
« historique qu'il pro-
« pose depuis des mil-
« liers d'années aux
« générations qui pas-
« sent devant lui. »

« Dʳ Cʜ. Mᴀʀᴛɪɴs. »

(in Spitzberg au Sahara)

PARIS
CHAMUEL, Éᴅɪᴛᴇᴜʀ, 29, Rᴜᴇ ᴅᴇ Tʀᴇᴠɪsᴇ, 29

1894

LES SECRETS

PYRAMIDES DE MEMPHIS

EGYPTE

LES
Secrets des Pyramides de Memphis

PAR

LÉON MAYOU

« Tombeaux, digues
« contre le désert,
« monuments astro-
« nomiques, la science
« hésite et le Sphinx
« est là, couché dans
« le sable, éternel gar-
« dien de l'énigme
« historique qu'il pro-
« pose depuis des mil-
« liers d'années aux
« générations qui pas-
« sent devant lui. »

« Dʳ Cʜ. Mᴀʀᴛɪɴs. »

(Du Spitzberg au Sahara)

PARIS
CHAMUEL, ÉDITEUR, 20, RUE DE TRÉVISE, 20

1894

A Madame Juliette ADAM,
Directrice de la NOUVELLE REVUE.

Madame,

Permettez que je place sous votre égide ce petit volume inspiré par la pensée de faire revivre quelques pages sur l'histoire des premiers âges de la Société, histoire contenue dans les caractères hiéroglyphiques dont se servaient les Grands-Prêtres de l'antique Égypte, les mystérieuses Pyramides et l'immortel sphinx de Memphis et aussi dans le Pentateuque de Moïse.

Comme vous, Madame, je désire pour la Justice et la Paix de ce monde que mes travaux commencent l'ère de la refécondation du grand désert africain, refécondation dont l'Humanité entière doit recueillir les bienfaits.

Votre respectueux et bien dévoué,

Léon MAYOU.

Champigny-la-Bataille, le 21 janvier 1894.

PRÉFACE

Lorsqu'il m'a été donné de publier dans la *Nouvelle Revue*, de Madame Juliette Adam, un résumé de mes découvertes sur les Pyramides d'Egypte, du groupe de Memphis, j'ai été l'objet d'attaques aussi vives qu'imméritées de la part de grands personnages qui, par la haute situation qu'ils occupent dans le monde scientifique, pensaient réduire à néant mes divulgations sur ces monuments mystérieux qui, depuis de longs siècles, semblent défier l'intelligence humaine de pénétrer les secrets qu'ils recèlent.

Parmi mes adversaires les plus acharnés j'ai compté M. Maspéro, Officier de la Légion d'Honneur, ancien Directeur du Musée de Boulaq, Membre de l'Institut et Professeur au Collège de France, et Son Excellence le Docteur Abbate-Pacha, Président de la Société Khédiviale de Géographie d'Egypte, au Caire.

M. Maspéro qui est le successeur de MM. Champollion et Mariette-Bey, et Son Excellence le Docteur Abbate-Pacha, du Caire, ont, le premier dans le journal *La Liberté* (1) de Paris, le second dans la *Rivista Egiziana* (2) d'Alexandrie (Egypte), alors que j'avais établi dans la *Nouvelle Revue* que les Pyramides de Memphis et notamment celle de Chéops étaient des

(1) 14 mai 1893.

(2) 25 mai 1893. — Communication faite à la Société Khédiviale ou de Géographie dans sa séance du 29 avril, au Caire.

monuments astronomiques et géodésiques d'une haute précision, affirmé que ces monuments étaient de magnifiques
tombeaux.

Voici l'attaque que m'a adressée M. le Professeur Maspéro
dans le journal *La Liberté*, 14 mai 1893 :

LES SECRETS DES PYRAMIDES DE MEMPHIS.

« Sous ce titre, Monsieur Léon Mayou a fait paraître, dans
« la *Nouvelle Revue*, un article où il prétend établir que, dans
« les temps reculés, ce qui est maintenant le désert du Sahara
« était un territoire d'une extrême fertilité où la végétation
« s'alimentait des eaux déversées dans d'abondantes vallées
« par les lacs de l'Afrique Centrale ; que c'est à la suite d'ou-
« vrages colossaux exécutés au sud de l'Egypte dans le but
« de capter ces immenses réservoirs, inépuisable source de
« richesses, qu'a été créé, pour ainsi dire, le Nil tel que nous
« le connaissons, et que de cette dérivation proviennent la
« fécondité de l'Egypte et la stérilité et la mort du Sahara.

« Les causes de la disparition de l'eau du Sahara dans sa
« partie avoisinant l'Egypte, dit M. Léon Mayou, et par suite
« de sa stérilisation sont inscrites :

« 1º Dans les hiéroglyphes tracés au temps du roi Aménis-
« in-Beni-Hassan de la douzième dynastie ; 2º dans la *Genèse*,
« livre 1er de Moïse ; 3º dans la grande pyramide du Groupe
« de Memphis, improprement appelée, dit M. Léon Mayou,
« tombeau de Chéops. Enfin M. Mayou s'aide aussi dans son
« hypothèse de certaines particularités du grand sphinx de
« Memphis.

« Ces hiéroglyphes que M. Mayou dit appartenir au temps
« du roi Aménis-in-Beni-Hassan et qui ont été trouvés dans

« le tombeau d'Amoin (Aménis si l'on veut), au village de
« Beni-Hassan, raconteraient clairement l'histoire et les diffi-
« cultés de cette grande entreprise. A vrai dire, M. Mayou
« donne de cette écriture idéographique, une traduction (1)
« très compliquée.

« La grande pyramide recélerait dans ses dispositions les
« données exactes de cette entreprise, afin que, le cas échéant,
« à la suite d'une obstruction par exemple, on pût reprendre
« les travaux comme une première fois ils avaient été exécutés.
« Il n'est que de savoir lire.

« Les problèmes soulevés par l'article de M. Mayou com-
« portaient trop d'intérêt malgré le caractère hypothétique de
« sa solution, pour que nous ne songions pas à connaître sur
« ce sujet l'opinion de M. Maspéro, l'éminent professeur au
« Collège de France, l'ancien directeur du Musée de Boulaq,
« le continuateur des travaux de Champollion et de Mariette.

« J'ignore, nous a dit M. Maspéro, sur quelles données s'est
« fondé l'auteur de l'article : *Les secrets des pyramides de
« Memphis*, mais tant de peine n'est par nécessaire pour dé-
« couvrir le sens caché des signes dont la traduction exacte
« remonte à plus de quinze ans. L'inscription hiéroglyphique
« reproduite par M. Léon Mayou dans son article est un frag-
« ment d'une des inscriptions de Beni-Hassan. Cette inscription
« a été trouvée dans le tombeau de Amoin-Amenemhaïl,
« prince de Meh, de l'an 28 à l'an 43, c'est-à-dire environ
« 3200 ans avant notre ère. Le prince Amoin était une sorte
« de seigneur féodal qui percevait les impôts pour le roi

(1) M. Maspéro se trompe : j'ai *interprété* et non traduit. Ce sont
les champollionistes qui *traduisent* les caractères sacrés tandis que
les disciples de Fabre d'Olivet les *interprètent*.

« d'Egypte. Voici d'ailleurs la traduction littérale des hiéro-
« glyphes reproduits dans l'article de M. Mayou ; elle a paru
« dans le Recueil des Travaux relatifs à la philologie et à
« l'archéologie égyptienne et assyrienne (première année,
« page 173) :

« J'ai fait tout ce que j'ai dit, car je suis le gracieux,
« l'aimant, le prince qui aime sa ville. J'ai passé certes, des
« années comme prince dans le nome de Meh, et tous les
« revenus de la maison royale ont été perçus par ma
« main. »

« Telle est la signification de ces figures, dans lesquelles
« M. Mayou veut voir l'historique de la dérivation des eaux
« des lacs africains en vue de fertiliser l'Egypte. La colossale
« opération de la captation des eaux des grands lacs du centre
« de l'Afrique n'a jamais été faite. La stérilité du Sahara date
« des temps très reculés des grands bouleversements géolo-
« giques, et ne peut être due au détournement du Nil par
« les Egyptiens.

« Mais j'en reviens aux pyramides, sur l'origine desquelles
« on continue à bâtir des hypothèses, toutes plus ingénieuses
« les unes que les autres, mais qui ne s'appuient sur rien de
« sérieux. Toute une litterature s'est formée et s'est donnée
« pour tâche, de rechercher les origines des monuments
« égyptiens et leur signification. Des écrivains ont voulu voir
« dans les pyramides, soit des greniers, dans lesquels Joseph,
« fils de Jacob, aurait emmagasiné les céréales, destinées à
« nourrir le peuple pendant les années de disette, — soit des
« phares destinés à assurer pendant la sécurité de la navi-
« gation du Nil, — soit encore, comme M. de Persigny, une
« sorte de rempart contre l'amoncellement des sables du
« désert.

« Les pyramides ne sont pas au nombre restreint de trois
« ou quatre; on en compte près de quatre-vingts. Pour ma
« part j'en ai ouvert une trentaine, et il n'y a pas à douter
« que leur destination était de servir de tombeaux.

« Les Pharaons, avec l'amour du colossal, du monstrueux,
« qui caractérisait les Egyptiens, se firent bâtir d'énormes tu-
« mulus qui sont les pyramides. Dans l'une d'elles, j'ai dé-
« couvert deux momies de rois très bien conservées, celle du
« roi Chéops notamment, qui est au Musée de Boulaq.

« Les anciens ont toujours cru à la destination funèbre des
« pyramides, et les découvertes récentes ont rendu évidente
« cette destination.

« On a voulu, à l'aide de calculs de toutes sortes, démontrer
« que les pyramides étaient une sorte de résumé de toutes les
« sciences connues à l'époque des Pharaons. Des savants ont
« voulu y trouver même certaines indications d'après les-
« quelles notre planète disparaîtrait vers l'année 1892. Je le
« répète, c'étaient des tombeaux et rien que des tombeaux;
« les découvertes effectuées dans ces dernières années l'éta-
« bliraient péremptoirement si l'on avait la preuve par ailleurs.

« Quant au sphinx il est d'une antiquité plus haute que les
« pyramides. Il était, suivant l'opinion généralement adoptée,
« une représentation du dieu Soleil, que l'on adorait dans la
« ville voisine d'Héliopolis. C'est un bloc énorme de calcaire
« marneux. Peut-être, à l'origine, affectait-il la forme rudi-
« mentaire du lion couché et cela a-t-il donné l'idée de le
« tailler en vue de lui donner l'aspect que nous lui connaissons.
« La partie saillante qui est visible sur le poitrail, et où M.
« Mayou voit le symbole du Nil avec ses six cataractes, est
« un reste de la barbe du sphinx ou le vestige d'une figure

« humaine. Dans les fouilles faites pour dégager le sphinx du
« sable qui le recouvrait en partie et auxquelles j'assistais,
« on a mis au jour des fragments informes de cette barbe
« ou de cette figure.

« Malgré les travaux considérables de ces dernières années,
« et qui ont dissipé en partie les ténèbres qui recouvrent l'an-
« cienne Égypte, certains savants continuent à donner une
« interprétation nouvelle aux inscriptions des monuments
« égyptiens.

« C'est en Amérique et en Angleterre, notamment, que
« s'élaborent ces ouvrages, qui font simplement honneur à
« l'imagination de leurs auteurs. »

A cet article je répondis par la lettre qui suit, parue dans
le numéro de *La Liberté* du 26 mai 1893 :

Champigny, le 22 mai 1893.

Monsieur le Directeur,

En rentrant chez moi d'un voyage assez long, je trouve votre
numéro du 14 mai dans lequel a paru un article contenant les appré-
ciations de M. Maspéro sur l'étude que j'ai publiée dans la *Nouvelle
Revue*, numéro du 15 avril dernier, sous ce titre : *Les Secrets des
Pyramides de Memphis*.

Je remercie M. Maspéro qui a bien voulu descendre dans l'arène
pour réfuter les idées d'un simple géomètre de campagne.

Quelles que soient la distance qui nous sépare dans le monde
scientifique et la valeur des explications données par M. Maspéro, je
n'en maintiens pas moins l'exactitude des travaux auxquels je me
suis livré pour *savoir lire* les idéographes égyptiens, idéographes
dont on n'a jamais trouvé le sens, pas même au Collège de France.

M. Maspéro, pour qui je professe la plus grande estime, réfute mes
théories; mais il les réfute d'une façon générale, c'est-à-dire sans
détruire mes arguments par d'autres arguments.

Je maintiens donc :

1° Que l'explication des hiéroglyphes idéographes que j'ai intercalés dans le numéro de la *Nouvelle Revue* du 15 avril dernier en est l'interprétation exacte et que la traduction littérale donnée dans le *Recueil des travaux relatifs à la philologie et à l'archéologie égyptienne et assyrienne*, première année, page 173, est erronée.

Et, en effet, on ne peut pas traduire des hiéroglyphes idéographes, on ne peut que les interpréter ; l'idéographie égyptienne est une écriture symbolique dont les signes représentent des faits, des actes, des formules qui ne peuvent se traduire en adaptant à chaque signe un mot copte (le copte est la langue qui se rapproche le plus du vieil égyptien), mais seulement s'interpréter quand on a trouvé la clef des hiéroglyphes dont on veut faire l'examen.

M. Champollion a commis une grave erreur, en basant ses travaux sur cette théorie, que les idéographes étaient des mots de l'ancienne langue égyptienne, erreur qui a été continuée par MM. Mariette-Bey et Maspéro.

L'idéographie égyptienne est, en quelque sorte, une écriture universelle qui ne nécessite nullement, pour la lire, la connaissance de la langue de ceux qui ont tracé les signes idéographiques.

2° Que la grande pyramide était, à son origine, un monument astronomique et géodésique d'une précision parfaite, et qu'elle renferme le plan du bassin supérieur du Nil, depuis la sixième cataracte jusqu'aux sources, les galeries représentant les cours ~~des fleurs~~ et les *du fleu* chambres l'emplacement des lacs ou sources du Nil.

3° Que le Nil, tel qu'il existe actuellement, est dû au travail des hommes et que sa création a entraîné la stérilisation lente du Sahara, stérilisation qui s'accentue progressivement.

4° Qu'à l'aide d'un barrage établi à Karthoum ou plutôt en aval, on reconstituerait la Mer des Gazelles, et que, cette mer rétablie, les chotts et les fleuves du Sahara se rempliraient petit à petit, reportant partout la vie et la fécondité dans ce pays aujourd'hui si désolé.

5° Que le sphinx est bien le complément des pyramides, en même temps qu'il a été jusqu'à nos jours le gardien fidèle des secrets qu'elles renferment. Je regrette que M. Maspéro ne se soit pas prononcé sur la valeur à donner aux dix petits rectangles placés à droite de la barbe qui figure le flot du Nil dans les rapides. Ces dix rectangles ont bien les mêmes proportions que les chambres de la grande pyramide et ils figurent en nombre égal à celui des chambres placées dans cette pyramide appelée improprement tombeau de Chéops.

Je dois, d'ailleurs, faire paraître un volume sur les travaux auxquels je me suis livré et dont un résumé seulement a été publié dans la *Nouvelle Revue*.

Je vous serais reconnaissant de bien vouloir insérer cette lettre, dans laquelle je ne crois pas excéder mes droits de réponse.

J'ai l'honneur d'être, Monsieur le Directeur, votre très respectueux serviteur.

Léon MAYOU,
géomètre.
9, Avenue Carnot, 9, Champigny-la-Bataille.

Quant à Son Excellence Abbate-Pacha, moins l'exquise courtoisie de M. Maspéro, ses arguments étant les mêmes que ceux développés par ce dernier, je me dispenserai de reproduire l'article aussi long que peu poli qu'il m'a consacré dans la *Rivista Egiziana* d'Alexandrie (Égypte).

Mais, coïncidence étrange, tandis que ces savants d'une valeur cependant incontestable affirmaient que les Pyramides étaient des tombeaux, l'un des Princes de la Science, M. Ch. Lagrange, professeur à l'École militaire Belge, astronome et membre de l'Académie royale de Bruxelles, dont le savoir fait autorité dans le monde entier, publiait un ouvrage qui bien que différent du mien en certaines parties essentielles, vient corroborer en entier les opinions que j'ai émises dans le numéro de la *Nouvelle Revue*, du 15 avril dernier, sur la destination qu'avaient reçue les Pyramides à leur origine.

Pendant que M. Maspéro, de l'Institut de France, et Son Excellence le Docteur Abbate-Pacha, du Caire, disent : les Pyramides de Memphis sont des tombeaux, M. le professeur

Lagrange, l'éminent académicien de Bruxelles, dans son ou-
rage intitulé : *Sur la concordance qui existe entre la loi historique de Brück, la chronologie de la Bible et celle de la
Pyramide de Chéops*, s'exprime ainsi :

« La première lecture des ouvrages de Brück date aujour-
« d'hui pour moi de 20 ans (1871) (1).

« Depuis lors, malgré la préoccupation d'autres travaux,
« je n'ai guère cessé d'y penser ; il y a longtemps que la
« concordance, déjà partielle entrevue par lui (pour les
« premiers temps) (2) entre sa loi historique et la chronologie
« du texte hébreux de l'Ancien Testament, m'avait frappé
« comme étant un des arguments externes les plus decisifs en
« faveur de l'autorité du livre sacré.

« Cette remarque établissait tout d'abord une corrélation
« entre les deux premières données.

« Une autre corrélation existe entre les deux dernières.
« On verra, cités au cours de ce travail (§ 15), quelques faits
« numériques depuis longtemps déjà mis en évidence par les
« mesures de la Pyramide ; ils ont permis à M. Piazzi
« Smyth (3), de démontrer, avec une certitude d'ordre scien-
« tifique :

« 1° Que la pyramide est un monument d'origine hébraïque ;
« 2° Que c'est, en quelque sorte, un *Livre de Pierre* où se
« trouvent consignées avec une précision égale à celle de la
« science d'aujourd'hui, et à l'aide d'une unité de mesure

(1) Bruxelles, MM. Kiessling et Cⁱᵉ, 72, Montagne-de-la-Cour. 1893.

(2) *L'humanité, son développement et sa durée*, par M. R. Brück,
ancien élève de l'Ecole Militaire de Belgique, major du Génie ; 2 vol.
in 8ᵛ ; ci 1231 pages. Paris et Bruxelles. 1866.

(3) *Life and Work et our inhérance in the great Pyramid.* London.

« empruntée au globe terrestre, les constantes fondamentales
« de l'astronomie et de la physique du globe ;

« 3° Que le système métrique de la Pyramide et celui de
« la Bible sont identiques...

« Le plan prophétique et chronologique de la Bible appar-
« tient à un tout organique, mathématiquement défini, dont
« les unités de mesure sont empruntées au système du monde
« et qui se trouve inscrit, par des moyens géométriques, dans
« la Grande Pyramide de Gizeh. C'est un fait que la science
« possède aujourd'hui des preuves tirées, et de l'astro-
« nomie, et de la géodésie et de la physique du globe, et de
« la chronologie historique, enfin de la confrontation des
« données métriques de la Bible avec d'autres données
« métriques déterminées par un étalon de pierre (1), suscep-
« tibles de vérifications actuelles et répétées autant qu'on
« voudra, non seulement pour démontrer la vérité de
« Ecritures, mais pour en fixer l'interprétation exacte...

« Mais ni la science, ni l'histoire, ni la Bible ne son
« plus falsifiables ; la Pyramide existe, elle peut être mesurée
« à nouveau ; dès à présent même elle l'a été avec précision,
« dans des conditions contradictoires qui rendent son témoi-
« gnage irrécusable : d'abord avant que l'on ne soupçonnât
« son caractère prophétique (2) ; depuis, dans un esprit
« hostile, sous les auspices de l'une des Sociétés scientifiques
« officielles les plus puissantes du monde (3). Or les dernières
« mesures sont venues confirmer les premières, et elles véri-

(1) M. Ch. Lagrange a trouvé cet *étalon* dans la *chambre de la
reine.* — L. M.

(2) Son caractère est plutôt révélateur que prophétique. — L. M.

(3) Société royale de Géographie de Londres. — L. M.

« lient mieux encore peut-être l'étonnante corrélation dont il
« s'agit. »

Les Travaux de M. Piazzi Smyth, et ceux du savant M.
Ch. Lagrange dont à juste titre la Belgique s'honore, et les
doutances si finement exprimées par le docteur français Ch.
Martins me donnent le courage, malgré les dénégations si
nettement exprimées par le premier professeur du Collège de
France, M. Maspéro, et Son Excellence le docteur Abbate-
Pacha, président de la Société de Géographie d'Egypte, de
publier mes travaux sur les causes qui ont amené la stérilisation du Sahara Africain, stérilisation dont les progrès augmentent chaque jour et menacent de s'étendre, moins le littoral,
à tout le continent noir.

Ces travaux, commencés en 1870 à Saint-Cyr-sur-Morin,
sont l'œuvre de 23 années de labeur ininterrompu.

Les causes de la stérilisation du Sahara et de celle progres-
sive, mais sûre du continent africain, sont la conséquence de
la création du Nil par les hommes. Les eaux qui alimentent
ce fleuve coulaient autrefois dans le Sahara avec une direction
générale Est-N.-N.-Ouest au lieu de celle Sud-Nord qu'elles
suivent aujourd'hui. La petite vallée Egyptienne n'ayant pas
été disposée par la Providence pour servir de dérivatif aux
eaux du centre de l'Afrique qui étaient exclusivement destinées
à la fécondation de ce continent et non à se répandre en pure
perte à la surface de tous les océans du Globe dont elle
augmentent le volume sans aucun profit pour l'humanité.

Les preuves authentiques et historiques de la création du
Nil par les hommes sont inscrites :

1° Dans six colonnes de caractères dont les prêtres égyptiens
avaient seuls la connaissance. Ces caractères sacrés ont servi

2

à Moïse pour écrire les trois premiers chapitres de sa Genèse dont ils ne sont qu'une copie symbolique.

2° Dans les trois premiers chapitres de la Genèse de Moïse qui ne sont que la dissimulation des Vérités contenues dans les caractères sacrés des prêtres égyptiens dont Moïse était l'élève et qui, suivant Fabre d'Olivet — le Maître — était au courant de toutes leurs sciences et de leurs pratiques religieuses, qui sont parvenues jusqu'à nous par le Judaïsme et le Catholicisme dont les plus magnifiques prières ne montent vers l'Eternel que pour lui adresser les louanges sur la création du Nil en 6 cataractes et un lit dans lequel se repose paresseusement, dans la Basse-Egypte, le Seigneur des Fleuves. (Les mystères de la création enseignés encore de nos jours par les prêtres catholiques ne se rapportent qu'aux mystères qui enveloppent la création du Nil.)

3° Dans les détails de la Grande Pyramide de Memphis, dite pyramide de Chéops, cette Pyramide en même temps qu'elle est le *Livre de Pierre* dans lequel est écrite l'histoire de la création du Nil, étant le livre biblique par excellence.

4° Dans les expressions symboliques admirables, données au grand Sphinx de Gizeh qui est le résumé de tous ces mystères en même temps qu'il en a été le gardien fidèle jusqu'à nos jours. Le sphinx, couché dans le sable, semble depuis des milliers d'années poser, aux générations qui passent devant lui, l'énigme historique que contiennent les Pyramides sans que ces générations aient pu la résoudre (1).

Je vais analyser chaque partie successivement, heureux si je convaincs mes lecteurs de la Vérité que je crois avoir trouvée et plus heureux encore si je l'ai trouvée, d'en faire bénéficier notre belle Patrie : La France.

(1) Ch. Martins, Paris, J.-B. Baillère et fils (*Du Spitzberg au Sahara ; recherches*).

I

NOTES HISTORIQUES

> « Français, du haut de ces monu-
> ments, quarante siècles vous contem-
> plent. »
>
> NAPOLÉON.

Sans parler des grands prêtres égyptiens et de Moïse qui possédaient entièrement les secrets des Pyramides et les mystères qui enveloppent le mystérieux Nil, il est permis d'affirmer que ces secrets ont été découverts à plusieurs époques depuis le commencement de l'ère chrétienne. Mais des considérations d'ambition personnelle ou des causes politiques ont empêché de divulguer ces secrets, dont la divulgation eût amené le remaniement entier de l'histoire du Globe et le renversement des légendes enseignées sur les premiers âges de la société. C'est dans les Pyramides que Claude Ptolémée, né à Péluse et qui florissait à Alexandrie, puisa les éléments qui lui servirent à établir son système géographique, système qui fut enseigné jusqu'au moment où les découvertes de Galilée et de Copernic eurent lieu.

Claude Ptolémée, né à Péluse, mais qui, comme son contemporain Diophante, le Père de l'Algèbre, habitait Alexandrie, ville voisine de feue Memphis, puisa, sans nul doute, aussi dans les inscriptions qui recouvraient les monuments de cette antique capitale de l'Egypte, les matériaux de ses admirables travaux qui sont venus jusqu'à nous sous le titre de *Syntaxis mathematica*.

Cette *syntaxis mathematica* nous a été transmise par les

Arabes que leurs savants avaient traduite du *Grec* sous le nom d'*Almagest*, qui, en langue arabe, veut dire très grand.

Or, cette traduction des œuvres de Claude Ptolémée a été faite sous le règne du calife *Al-Mamoun* (1) qui, le premier, rapporte l'histoire, pénétra dans la grande pyramide, dite de Chéops, en 820 de notre ère.

Qu'allait-il faire dans cette Pyramide que Claude Ptolémée connaissait si bien ? Il allait y contrôler par lui-même si l'emplacement des sources du Nil était bien placées au delà de l'équateur comme l'avait indiqué le savant géomètre grec sur ses cartes.

Claude Ptolémée et le calife Al-Mamoun connaissaient les secrets des Pyramides, mais dans les sciences que nous ont transmises les Arabes ils ont dissimulé avec soin les origines où on les avait puisées.

C'est à partir de l'an 820 que les Arabes décidèrent de démolir la ville de Memphis et les Pyramides afin de faire disparaître les monuments qui, par les inscriptions qu'ils portaient ou par leurs dispositions géodésiques ou astronomiques pouvaient révéler les origines mystérieuses et inconnues du roi des fleuves : Le Nil.

Mais, heureusement, les Arabes furent interrompus dans leur œuvre de vandalisme par les Turcs qui les chassèrent de l'Egypte. Les Pyramides échappèrent ainsi à une destruction complète, mais la ville de Memphis fut complètement détruite.

Les sources du Nil ont toujours été la préoccupation du genre humain.

(1) Le calife Al-Mamoun (Abani-Abbas-Abdalfah), septième calife abasside, était le fils du célèbre Haroun-Al Raschild, l'ami de l'Empereur Charlemagne. Il succéda à son frère Al-Amin en 809 et mourut en 833. C'était un grand savant.

Quatre siècles après Homère, Hérodote (1) consacre de longues pages au Nil et à ses bords, mais il n'a pu rien recueillir sur ses origines; voici ce qu'il dit :

« . . . . . . Quant à la nature de ce fleuve je n'ai pu rien apprendre, ni des Prêtres, ni d'aucun autre . . . . . Je n'en ai rien pu recueillir toutes les fois que je me suis adressé aux égyptiens et que j'ai voulu savoir d'eux, quelle est la nature de ce fleuve si opposé aux autres dans sa marche. Je les ai vainement interrogés sur ces divers objets. »

Un grand écrivain du 1er siècle, le fait exposer à Jules César, conquérant de l'Egypte, par le Grand-Prêtre de Memphis :

« . . . . . . Ton désir, ô César! est de connaître les sources du Nil. Ce fut aussi celui des Pharaons que nous ont envoyé la Perse et la Macédoine. Aucun siècle n'a voulu laisser cette découverte aux siècles suivants ; mais la nature impénétrable garde son secret.

Alexandre, le plus grand des rois que Memphis adore, voulut aussi le lui dérober et envoya dans ces lieux des Ethiopiens aux extrémités de la Terre. La zone brûlante du monde les retint consumés au bord du Nil bouillant. Avant lui notre Sésostris, qui parcourut la terre du levant au couchant et courba le front de ses rois sous le joug de son char, put se désaltérer aux eaux de vos fleuves, le Rhône, le Pô, mais non à celles du Nil, à sa source. Follement atteint du même désir, Cambyse parvint jusque chez des peuples qui ont le privilège d'une longue vieillesse, et là, manquant de vivres et forcé de se nourrir des cadavres des siens, il revint sans avoir soulevé tes voiles, ô Nil ! » (2)

(1) Hérodote, chap. 29 à 31. Livre II. *Le Nil, son bassin et ses sources, par F. de Lanoye*, Paris, Hachette.
(2) *Pharsalle.* Livre X. Lucain.   Id.

Il résulte de ces récits que les Grands Prêtres égyptiens ont conservé le monopole des secrets que renferment les Pyramides et ceux sur l'origine du Nil jusqu'aux découvertes de Claude Ptolémée soigneusement dissimulées par le calife Al-Mamoun.

Le naturaliste Pline, presque contemporain de Lucain, donne une description du Nil dans laquelle il assigne une origine commune aux sources du Nil et du Niger.

Le philosophe Sénèque raconte que l'empereur romain, Néron, envoya une expédition pour découvrir les sources du Nil et découvrir les secrets de la Géographie africaine :

Dans ce but il envoya deux centurions qui furent assistés par les rois d'Ethiopie. Ils paraissent avoir remonté assez loin vers les sources, sinon aux sources elles-mêmes.

Mais depuis Al-Mamoun jusqu'en 1761, le Nil et les Pyramides n'attirèrent l'attention d'aucun savant, ni d'aucune nation. A cette époque le gouvernement Danois forma une mission destinée à faire des explorations dans l'Orient pour éclaircir *la géographie et l'histoire naturelle de l'Ancien Testament*. Cette mission était composée de : Von Haven, Forskal, Baurenfeind, Cramer et de Niebuhr Kartens, voyageur allemand, né à Lauenburg en 1733 et mort en 1815. Niebuhr était adjoint à la mission en qualité de *calculateur* et de lieutenant du Génie. Depuis Al-Mamoun il fut le seul qui pénétra dans la Grande Pyramide.

Détail qui paraît important, il revint seul en Europe, les autres membres de la mission ayant trouvé la mort au cours des explorations auxquelles elle se livra.

Niebuhr Kartens et son fils Niebuhr Georg étaient, coïncidence très drôle, en Angleterre pendant l'expédition française de 1798-1799 en Egypte.

Le 19 mai 1798, une flotte française composée de 400 voiles quittait Toulon et cinglait vers Alexandrie, ou elle arriva le 1er juillet. L'armée que portait cette flotte débarqua le lendemain et se dirigea vers les Pyramides de Gizeh ; elle y arriva le 21 juillet où Bonaparte tailla en pièces les Mameluks. Les savants, et en particulier Monge, qui accompagnaient l'armée reçurent l'ordre d'étudier les inscriptions hiéroglyphiques qui recouvrent les monuments et d'examiner les Pyramides.

Le 23 août 1799, Bonaparte laissait le commandement de l'armée à Kléber qui devait être assassiné le 14 juin 1800, s'embarqua sur le *Muiron*, débarquait à Saint-Raphaël le 8 octobre, arrivait à Paris le 16 octobre et le 18 Brumaire (10 novembre 1799), il était le maître de la France.

Sans s'appesantir sur les motifs qui l'ont fait abandonner son armée en Egypte, ni sur les moyens dont il a disposé pour faire son coup d'Etat, disons que Bonaparte, devenu Napoléon Ier, a fait Monge comte de *Péluse*, lieu où était né le savant géomètre grec qui, le premier, a trouvé les secrets de la Grande Pyramide de Memphis, secrets que les grands Prêtres de Memphis avaient jusqu'alors possédés exclusivement.

Napoléon a écrit de Sainte-Hélène, sur les monuments égyptiens et leurs inscriptions, les lignes suivantes :

« L'Egypte est un des plus beaux, des plus productifs et des plus intéressants pays du monde ; c'est le berceau des arts et des sciences. On y voit les plus grands et les plus anciens monuments qui soient sortis de la main des hommes. Si l'on avait la clef des hiéroglyphes dont ils sont recouverts on apprendrait des choses qui nous sont inconnues sur les premiers âges de la société. »

C'est avec cette clef dont parle Napoléon que je vais ouvrir à mes lecteurs les portes du Temple qui renferme les Mystères du passé.

II

LES SECRETS DES PYRAMIDES DE MEMPHIS

> « Il est nécessaire de mettre certains
> « passages de l'Ancien Testament d'ac-
> « cord avec les découvertes certaines de
> « l'archéologie. »
>
> Mgr d'Hulst, recteur de l'Institut
> Catholique de France.
> (*Le Correspondant*, Paris, avril 1893).

Le Sahara était autrefois un pays très fécond et très peuplé. Il était abondamment arrosé par des eaux qui provenaient des lacs du centre de l'Afrique : des sources du Nil elles-mêmes. De nombreux cours d'eau le sillonnaient dans tous les sens. De larges et profondes vallées d'érosion traversaient, après avoir décrit de nombreux méandres, des plaines immenses, et allaient aboutir à la mer, dans laquelle elles déversaient les eaux qui n'avaient pas été absorbées par la végétation ou l'évaporation. Ces vallées, dont quelques-unes ont une largeur de sept kilomètres et une profondeur de cent mètres, aux parois taillées à pic, laissaient couler à pleins bords une eau abondante et sans cesse renouvelée, entretenant ainsi dans ce pays aujourd'hui si désolé, la fraîcheur, la fécondité et la vie. L'Heden ou Paradis terrestre décrit par Moïse dans la Genèse était ce pays jadis si merveilleusement beau.

La végétation dans le Sahara en ces temps reculés était d'une vigueur incomparable. Les nœuds de soulèvement des massifs supérieurs étaient couverts de forêts épaisses ; d'abondantes pluies périodiques y entretenaient une végétation her-

bacée vigoureuse à travers laquelle les eaux s'enfonçaient
lentement dans les profondeurs du sol pour aller jaillir en
sources abondantes dans les vallées inférieures.

Ces sources réunies formaient des masses d'eau considérables
qui alimentaient ces fleuves, aujourd'hui morts, sans que l'on
ait *voulu* en expliquer la cause jusqu'à nos jours. Les plateaux
à travers lesquels ils se frayaient passage étaient couverts de
végétaux arborescents dont on retrouve encore les troncs
pétrifiés. Enfin, les bords des vallées, les plaines basses et
même certains points élevés, où l'on dirigeait les eaux d'irri-
gation, étaient couverts de florissantes cultures alternant
avec de verdoyantes forêts dont l'explorateur étonné retrouve
des restes jusque dans les contrées maintenant les plus désertes
et les plus arides.

D'immenses mers (les chotts), étaient semées comme des
perles d'azur dans cette merveilleuse contrée. Elles étaient
pourvues d'eau en quantité considérable et de leur vaste étendue s'élevaient de grandes masses d'eau évaporée formant des
nuages qui retombaient sous forme de pluie et allaient entre-
tenir dans le grand désert africain les principes de vitalité des
végétaux.

Le Sahara était habité par une nombreuse population qui
trouvait dans ce pays, le plus merveilleusement fécond du
globe, de quoi subvenir largement à sa subsistance. Les figures
que l'on rencontre sur les rochers, figures qui représentent
des éléphants, des hippopotames, des rhinocéros, des gazelles,
des lions, des serpents et même des caïmans, etc., démontrent
que ces animaux vivaient dans ces régions en même temps que
ceux qui ont reproduit leurs traits et qu'ils ont disparu quand
les eaux courantes se sont retirées.

Cette opinion est confirmée encore par les quantités considérables de silex taillés que l'on rencontre un peu partout, surtout sur les bords du fleuve Triton et du lac Triton. Sur les pentes de l'Oued-Miyà, on les trouve par tas; on les rencontre épars dans toutes les plaines basses, autour des dépressions plus ou moins grandes qui sont d'anciens étangs ou de petites mers (les chotts), et sur les rives de l'Igharghar, où ils gisent en abondance, surtout dans les *îles du Fleuve mort*.

Des auteurs arabes, d'accord en cela avec les traditions locales, nous apprennent que les vallées sahariennes étaient abondamment arrosées, que de riches cultures couvraient ces plaines immenses, semées de forêts luxuriantes au milieu desquelles s'élevaient de belles cités. Les palmiers isolés au milieu des broussailles, les ruines de qçours ou fermes, les débris de canaux construits de main d'homme, les vestiges d'habitation, de grandes villes sont là des témoignages irréfutables de la splendeur passée de ce pays.

Mais quelles sont les causes de sa stérilisation ?

Suivant les uns, elle serait due à la chasse aux esclaves que certains peuples, notamment les Égyptiens, auraient pratiquée dès la plus haute antiquité dans les contrées sahariennes et à l'invasion de nomades qui, faisant paître leurs troupeaux, auraient détruit leurs forêts pour avoir plus de pâturages. Cette version ne peut soutenir un seul instant l'examen : aussi ne nous donnerons-nous pas la peine de la réfuter.

D'autres ont conclu à un bouleversement géologique antérieur à la période quaternaire. Quoique plus sensée, cette version n'est pas plus exacte que la précédente.

Les causes en sont inscrites dans la Grande Pyramide dont Moïse, qui connaissait bien la signification de ce

monument, a donné la description contenue dans les trois
premiers chapitres de la Genèse. La Genèse écrite par Moïse
ne peut se comprendre qu'en interprétant les caractères sacrés
égyptiens, dont ce patriarche s'est servi pour écrire ses livres.
Je donne le texte sacré ayant trait aux premiers chapitres de
la Genèse; mais, auparavant, je veux mettre sous les yeux
de mes lecteurs l'opinion de Fabre d'Olivet sur la nature de
ces caractères et sur la manière de les interpréter.

« ..... Sans m'embarrasser des interprétations diverses
bonnes ou mauvaises qu'on peut avoir données au mot
בראשית (Berœshith) (1), je dirai que ce mot, dans la place
où il se trouve, offre trois sens distincts : l'un propre,
l'autre figuré et le troisième hiéroglyphique. Moïse les a employés tous les trois comme cela se prouve par la suite même
de son ouvrage. Il a suivi en cela la méthode des prêtres
égyptiens, car je dois dire avant tout que ces prêtres avaient
trois manières d'exprimer leurs pensées. La première était
claire et simple, la seconde symbolique et figurée, la troisième
sacrée ou hiéroglyphique. Ils se servaient à cet effet de
trois sortes de caractères, mais non pas de trois dialectes,
comme on pourrait le penser. Le même mot prenait à leur
gré le sens propre, figuré ou hiéroglyphique. Tel était le
génie de leur langue. Héraclyte a parfaitement exprimé la
différence de ces trois styles, en les désignant par les épi-
thètes de *parlant*, *signifiant* et *cachant*. Les deux premières
manières, c'est-à-dire celles qui consistaient à prendre les
mots dans leur sens propre ou figuré étaient oratoires ; mais
la troisième qui ne pouvait recevoir sa forme hiéroglyphique

(1) *Langue hébraïque restituée, Cosmogonie de Moïse* ; Sepher Berœshith, Note VI, 1816.

qu'au moyen de caractères dont les mots étaient composés n'existait que pour les yeux et ne s'employait qu'en écrivant. Nos langues modernes sont entièrement inhabiles à la faire sentir. Moïse, initié dans tous les mystères du sacerdoce égyptien, s'est servi avec un art infini de ces trois manières; sa phrase est presque toujours constituée de façon à présenter trois sens; c'est pourquoi nulle espèce de mot à mot ne peut rendre sa pensée. Je me suis attaché, autant que je l'ai pu, à exprimer le sens propre et le sens figuré. Quant au sens hiéroglyphique, il eût souvent été trop dangereux de l'exposer, mais je n'ai rien négligé pour fournir les moyens d'y parvenir, en portant des principes et en donnant des exemples.

. . . . . Dans le langage hiéroglyphique, on signalait le principe principiant universel dont il n'était point permis de donner connaissance (1). »

L'opinion du maître Fabre d'Olivet reproduite immédiatement au-dessus me permet d'affirmer que la langue et les caractères employés par Moïse pour écrire ses livres étaient ceux-là même dont se servaient dans leurs temples ses maîtres égyptiens; l'hébreu du Pentateuque est l'*Ecriture sacrée* des Pyramides et du Sphinx.

Voici du reste à côté une partie des caractères qui ont servi à Moïse pour écrire les trois premiers chapitres de la Genèse.

Les caractères reproduits ne peuvent se traduire dans aucune langue; c'est en quelque sorte une écriture universelle pour la compréhension de laquelle il n'est nul besoin de con-

___

(1) V. Deutéronome, ch. XIII, dont l'Eglise catholique a conservé les prescriptions. C'est en vertu des dispositions contenues dans ce chapitre que Notre Seigneur Jésus-Christ a été condamné à mort et crucifié.

naître la langue de ceux qui ont tracé les signes hiéroglyphiques.

(Les mystérieux caractères de l'Obélisque de Louqsor, place
de la Concorde à Paris, sont du même genre, c'est-à-dire
appartiennent à l'*Ecriture sacrée* des prêtres égyptiens (1).
Au reste, la petite pyramide qui termine cet obélisque, qui
autrefois était à Thèbes, est une réduction de la Grande Pyramide. Avec ses données et les formules qui recouvrent ses
faces, on peut reconstituer les données de la Pyramide de
Chéops. Ses angles solides sont exactement ceux qu'avait ce
monument avant sa mutilation par les Arabes. Comme la
Grande Pyramide, ce monument avait ses côtés orientés suivant les quatre points cardinaux.

Il est regrettable que la grande ville de Paris ne mette pas
à l'étude les sciences merveilleuses qui couvrent les quatre
faces de ce beau *livre de Pierre*. Il contient en détail tout ce
que connaissaient les prêtres égyptiens en mathématique :
algèbre, géométrie, trigonométrie rectiligne et sphérique, astronomie et même en hydrographie.

Le serpent biblique figure sur les quatre faces, dernière
ligne.)

Ces hiérogly-
phes, tracés en six
colonnes, se divi-
sent en cinq par-
ties. La première
renferme la pro-
position du pro-
blème et comprend
les six premiers

(1) L'auteur en possède la clef. Cela sera l'objet d'un autre ouvrage.

signes de la première colonne ; le *septième* est un signe neutre, de *repos*. Ces signes indiquent qu'il y a de l'eau au-delà d'une montagne et que, pour la faire couler de l'autre côté de la montagne, il faut abattre une portion de celle-ci et y creuser un canal dérivatif (c'est la morsure dans le fruit défendu) ; le bec de l'oiseau placé en face, un peu au-dessous de la partie supérieure l'indique, mais on ne possède pas encore les données nécessaires à l'accompplissement de ce travail.

La seconde partie comprend les trois derniers signes de la première colonne et ceux de la deuxième, des troisième, quatrième et cinquième colonnes. Les trois derniers signes de la première colonne, c'est-à-dire les trois premiers de cette deuxième partie sont une répétition de la proposition qui consiste à démontrer que, pour renverser les eaux contenues dans la mer centrale africaine, la Bahaar-el-Gazal, (mer des Gazelles) et les faire couler dans la Vallée Égyptienne, créer le Nil, en un mot, il faut percer une montagne, mais qu'il faut auparavant opérer des travaux géodésiques et astronomiques.

Les trois premiers signes de la colonne deux nous apprennent qu'on a levé le plan des mers situées au-delà de la montagne ; le quatrième nous fait connaître que ces opérations ne suffisent pas et qu'il faut mesurer une partie de la sphère pour faire la cartologie du bassin supérieur par rapport aux données générales du globe terrestre ; le cinquième fait comprendre que la mer, dont les eaux arrosaient le Sahara, pourra alors être déversée dans la vallée égyptienne, grâce à la brèche qui sera creusée dans la montagne et au moyen de laquelle s'introduira toute l'eau provenant du centre de l'Afrique ; cela est expliqué par le sixième signe représentant un homme en méditation ou absorbé par un calcul, et qui se tient assis sur une montagne

qui n'est autre que le Sinaï (1) ; enfin, dans les trois derniers
signes de la colonne, nous voyons nettement apparaître la
valeur de la portion de la terre à enlever pour creuser le canal
dérivatif ; le bec de l'oiseau placé en face d'une crosse précise
cette portion et le petit triangle à droite la valeur du morceau
de terre à creuser, le morceau du fruit défendu (de la sphère)
dans lequel l'homme a mordu. (Genèse, ch. III, 6.)

La colonne trois renferme ce que le génie humain a conçu
de plus beau comme problèmes géodésiques et astronomiques.

On y voit apparaître le fruit défendu de la Genèse sous la
forme d'un petit cercle qui symbolise la terre dont ces grands
savants disparus avaient connaissance de la sphéricité et de
l'évolution dans l'espace, le serpent tentateur et enfin un œil
qui symbolise la portion de la terre éclairée par les rayons
solaires sous le méridien de Memphis, à midi et à l'équateur.
Pour l'intelligence de cette colonne, au point de vue des sciences
mathématiques : le premier signe est un compas à branches
courbes, expression employée par les géomètres égyptiens,
pour indiquer qu'ils ont procédé à la mesure d'un arc de cercle
destiné à connaître la circonférence du globe terrestre et la
longueur linéaire de celle-ci à l'équateur ; le globe (le fruit
défendu de la Genèse) placé au-dessous et sur la droite de
l'homme assis sur la montagne (Sinaï) (2) symbole de la terre ;

(1) Le point culminant du Sinaï est situé dans le prolongement de
la vallée égyptienne et le sommet de la grande Pyramide est
exactement dans la même latitude que ce point.

(2) Dans son récit qu'il fait du Sinaï, Alexandre Dumas cite une
bien curieuse légende arabe qui, évidemment, s'applique à la Grande
Pyramide : « Allah créa la terre carrée et couverte de pierres. Ce
premier point achevé, il descendit avec les anges, se plaça sur la cime
du Sinaï qui est le centre du monde, traça un grand cercle dont la

cet homme a la même signification que dans la première
colonne du mont Sinaï il observe la vallée égyptienne, le signe
demi-sphérique renversé, la mer à faire écouler par le canal
dérivatif symbolisé par un trait vertical placé à côté ; le serpent
tentateur (Genèse) exprime le fleuve que les Egyptiens veulent
créer dans leur vallée en y amenant les eaux du pays d'Heden,
c'est-à-dire les eaux de la mer des Gazelles (le Bahaar-el-Gazal),
et les deux petites oreilles du serpent figurent les parois du
canal qui a été creusé. L'œil indique que les géomètres égyptiens ont dans leurs calculs, résumé leurs opérations de façon
à connaître la portion de la terre éclairée par le jour, c'est-
à-dire embrassée par les rayons solaires au même instant ; et
il résulte des signes trigonométriques placés au-dessous de
l'homme de la montagne et du signe qui représente une pyramide tronquée à base sphérique qui renferme une petite pyramide, qu'ils avaient consigné entièrement leurs opérations
dans une pyramide à base carrée dont la longueur des côtés
était la racine carrée de 70,000, soit par rapport à notre
mesure linéaire 264 mètres 58 centimètres.

Cette pyramide n'est autre que celle de Chéops, la grande
Pyramide de Memphis, mutilée par les Arabes. Ses côtés
avaient une longueur de 264 mètres 58 centimètres, et elle
avait, avant sa mutilation, suivant des combinaisons ingénieuses comprises dans ces deux signes, la propriété de donner

circonférence touchait aux quatre côtés du carré. Alors il ordonna
à ses anges de jeter toutes les pierres dans les angles qui correspon-
daient aux quatres points cardinaux. Les anges obéirent et quand le
cercle fut déblayé, il le donna aux Arabes qui sont ses enfants bien-
aimés ; puis il appela les quatre angles : La France, l'Italie, l'Angleterre et la Russie. » Alexandre Dumas, *15 jours au Sinaï*.

la valeur du jour autour d'un point. Pyramide, signifie en
effet : *Domaine du feu, du jour, de Dieu*, c'est-à-dire : *lumière*.

Mais suivons la définition du dernier signe de la troisième
colonne : il est admirable comme démonstration algébrique
ou géométrique. Il enseigne que la pyramide est une réduction
d'un arc de cercle partant du centre de la terre et aboutissant
à la surface du globe.

Les cinq premiers signes de la quatrième colonne nous
donnent la finale du problème le plus grandiose résolu par
les ingénieurs anciens ou modernes.

La montagne ayant été tranchée, ainsi que cela est démontré
dans la troisième partie du problème, à laquelle il faut se
reporter avant de terminer, à cette troisième partie qui, bien
que séparée, forme réellement deux termes inséparables, ces
séparations ou combinaisons diverses n'ayant été ainsi dis-
posées que pour dérouter les chercheurs profanes qui ne
possédaient pas la clef, c'est-à-dire les non initiés à la connaissance des *Écritures sacrées* ; dans cette troisième partie, composée de trois signes seulement, il est démontré que la montagne est tranchée, le bec de l'oiseau est en effet au sommet de
l'idéographe ayant à peu près la forme de la crosse des évêques
catholiques ; et le petit triangle, à côté et à droite, indique que
le morceau est enfin enlevé. Et maintenant, il faut se reporter
aux cinq derniers signes de la deuxième partie du problème,
en tête de la quatrième colonne ; ces cinq signes parlent d'une
façon frappante : les deux vases renversés disent que les eaux
des lacs intérieurs africains peuvent arriver dans la vallée
égyptienne distribués par trois fleuves qui sont représentés
par trois traits verticaux qui désignent le Nil bleu, le Sobat et
le Nil blanc (il y a trois traits comme il y a trois fleuves au-
dessus des Cataractes), et le signe vertical de droite, moitié

sur une calotte (qui désigne la Basse-Egypte), nous enseigne que les eaux du Nil franchissent les six cataractes pour arriver dans la Basse-Egypte en un fleuve unique, symbole du Dieu seul, tandis que les trois fleuves supérieurs sont les trois personnes en un seul Dieu. Dans ce signe sont contenus tous les mystères de la Création enseignés par Moïse dans la Genèse. Ces mystères ne se rapportent nullement à la Création du monde en six jours ou six périodes, mais à la création du Nil, création qui se divise en six périodes ou six cataractes. Voilà l'explication bien simple du mystère sur lequel depuis longtemps il ne devrait plus y avoir de mystères. Les six cataractes sur ce trait vertical sont indiquées par six petits traits transversaux.

La quatrième partie, qui comprend les signes des cinquième et sixième colonnes, fait voir le contraste qui existera désormais entre la vallée égyptienne et le centre africain stérilisé par le manque d'eau : les trois traits maigres parfaitement orientés, sur lesquels repose un animal non moins maigre qui cherche à se désaltérer dans un vase qui ne contient pas de liquide, identifient la sécheresse du Sahara. Au-dessous, les deux suivants représentent la vallée égyptienne abondamment pourvue d'eau dans laquelle se prélasse un oiseau aquatique. Plus bas, les deux signes qui suivent symbolisent encore le Sahara stérilisé, soit, à droite, un tronc d'arbre desséché et, à gauche, un oiseau qui ne trouve pas la nourriture nécessaire à ses besoins ; et puis en descendant, on trouve trois traits verticaux placés au-dessus d'une large vasque. Ces traits verticaux représentent le Nil Blanc, le Sobat et le Nil Bleu (trois traits comme trois fleuves), fournissant à la Basse-Egypte, qui est représentée par la vasque, l'eau du centre africain. Les six traits au bas de la cinquième colonne expliquent que c'est grâce aux travaux géodésiques entrepris que ce résultat est acquis. Ces signes sont, en effet, des signes trigonométriques en usage chez les savants d'Égypte dans un temps très reculé. Le premier signe de la sixième colonne indique que les eaux s'échappent par la brèche ou canal pratiqué dans la montagne, brèche indiquée dans le deuxième signe qui affecte la forme d'un niveau de maçon, laquelle a été faite de main d'homme, ainsi que l'indique un instrument perforant placé en tête et à droite de cette colonne ; les deux insectes dont un scarabée placé en descendant représentent la satisfaction qu'éprouvent les maîtres de la Vallée, de posséder un grand fleuve dans un pays qui ne possédait qu'une petite rivière, à sec pendant neuf mois de l'année ; les deux arcs de cercle sont encore des signes géodésiques indiquant la nature des opérations géodésiques auxquelles on s'est livré pour parvenir à ce but.

La cinquième partie qui termine la sixième colonne ne comprend que deux signes : un instrument de la forme d'un levier ou barre à mine et un homme assis en observation sur une montagne (le Sinaï), le bras droit plié, la main étendue, indiquant que le Nil est créé par la main de l'homme.

Il résulte de ces explications de l'*Écriture sacrée* des Prêtres égyptiens dont s'est servi Moïse pour écrire le Pentateuque.

1° Que son histoire de la Création dans la Genèse n'est autre que la création du Nil en six cataractes et un lit ;

2° Que le fruit défendu n'est autre que la terre dans laquelle les anciens Égyptiens ou Hébreux ont creusé un canal pour créer le Nil (*la création a eu lieu après le péché*) ;

3° Et que l'Heden ou Paradis Terrestre est le Sahara Africain que la création du Nil a stérilisé.

Les Pyramides de Memphis sont les monuments commémoratifs de la Création du Nil. Elles renferment en même temps le plan des principaux bassins supérieurs à la sixième cataracte.

La Grande Pyramide appelée improprement tombeau de Chéops, conformément à l'étymologie du mot pyramide, qui veut dire domaine ou valeur du jour autour d'un point, avait la propriété, avant d'être mutilée, suivant ses dimensions primitives, et en appliquant les formules trigonométriques des Ingénieurs qui l'ont construite (1), de donner la valeur de la Terre éclairée à l'Equateur, midi au méridien de la pyramide de Memphis. Sa base, qui était un carré parfait, avait pour longueur de ses côtés la racine carrée de 70,000, soit 264 mètres 58 centimètres; et un arc de cercle, décrit sous la base et à l'axe, le sommet de la pyramide pris comme centre, voyait le développement de la courbe comprise au secteur, multiplié par le carré de cette corde, donner la valeur de la moitié de la Terre, c'est-à-dire la portion éclairée par le jour, soit :

Développement, 285 mètres 7,143 × 70,000 = 20,000,000 de mètres, exactement ce que nos géomètres français ont trouvé 5,000 ans après les géomètres égyptiens.

Cet arc est le 1/10,000 du 1/7 du jour à l'équateur, méridien de Memphis.

Voilà pour le côté astronomique; le côté géodésique n'est pas moins intéressant :

(1) Formules comprises dans les hiéroglyphes reproduits d'autre part dans ce chapitre.

L'entrée de la Pyramide est au nord du monument et le système de galeries qui sont ménagées dans l'intérieur figure la cartologie du Nil supérieur depuis la sixième cataracte jusqu'aux sources, les galeries représentant le cours des fleuves et les chambres l'emplacement des lacs. Pour s'en convaincre il suffit de comparer la figure ci-dessous avec une carte représentant le bassin supérieur du Nil. Néanmoins les sinuosités des fleuves ne sont pas représentées dans les galeries.

L'entrée de la Pyramide est à 13 mètres au-dessus de la base, qui, elle-même, est à 45 mètres au-dessus des plus hautes eaux qui atteignent à Memphis 7 mètres au-dessus du niveau le plus bas, niveau qui est peu différent de celui des eaux de la mer Méditerranée. Cette entrée indique l'arrivée du Nil à la sixième cataracte, et cela n'est pas discutable puisque, à l'aide des données que je viens de fournir, on peut calculer l'altitude du fleuve au-dessus de la sixième cataracte, soit: $13 + 45 + 7 = 65 \times 7 = 455$ mètres, altitude du fleuve égale à celle qui a été trouvée par le général Gordon pour la hauteur du Nil en aval de Kahrtoum.

Ce point constitue une preuve évidente que cette entrée de la Pyramide de Chéops avait pour but de fixer géométriquement le point terminus du Canal dérivatif creusé pour amener, dans le pays d'Egypte, les eaux des plateaux du Centre de l'Afrique.

Mais ce point établi n'est pas suffisant pour donner à la version que j'avance toute la solidité que son importance comporte.

Si l'on pénètre dans la pyramide par la galerie unique dont l'entrée est au nord, on arrive à une bifurcation composée de deux galeries ; l'angle que forment ces deux passages, l'un inférieur, l'autre supérieur, est absolument semblable à celui que forment à leur confluent le Nil bleu et le Nil blanc. Donc, la galerie inférieure ou de l'est indique le cours du fleuve Bleu, et celle supérieure ou de l'ouest celui du fleuve Blanc.

En suivant la galerie supérieure qui indique le cours du fleuve Blanc, on arrive à une immense chambre que les savants ont appelée *Grande Galerie*. Cette *Grande Galerie* indique l'emplacement des lacs et du régime des eaux de la région du Dunka, au bas des contreforts du Darfour ; puis la galerie reprend ses proportions normales et, après un léger renflement, aboutit à une chambre improprement appelée *Chambre du Roi*. C'est là, il le faut reconnaître, l'un des points principaux de la théorie que j'émets que les Pyramides étaient des monuments géodésiques ou astronomiques d'une précision unique au monde. La Grande Pyramide étant reconstituée avec ses données primitives, si l'on trace une verticale (1) de la base au sommet, cette verticale traverse la *Chambre du Roi*, exactement comme l'Equateur traverse le lac Victoria N'Yanza sur nos cartes modernes. Donc, point de doute, les anciens avaient

(1) M. Ch. Lagrange a reconnu que cette verticale indiquait le passage de la ligne équatoriale.

connaissance de l'emplacement de la ligne équatoriale et ils en ont consigné la position exacte dans leur grande carte de pierre de Memphis : cette position est déterminée par l'axe Est-Ouest de la Grande Pyramide. A côté de la *Chambre du Roi*, qui indique le lac Victoria N'Yanza, sont placées cinq autres chambres qui indiquaient que ce lac était tributaire de cinq autres lacs, qui déversaient leurs eaux dans son sein.

A l'origine de la grande galerie se trouve un passage central qui figure l'emplacement du Sobat ; à l'extrémité de cette galerie est une chambre que l'on est convenu d'appeler *Chambre de la Reine* (1) ; elle indique la source du Sobat. La situation géodésique n'a pas été positivement déterminée.

Les Egyptiens paraissent n'avoir attaché d'importance réelle qu'à la connaissance du Nil Blanc et de ses sources qu'ils savaient être les plus considérables de la région supérieure.

Voici le rôle irréfutable que les Egyptiens ont assigné à la Grande Pyramide :

1° Représenter à l'aide d'une unité de mesure empruntée au Globe terrestre, la valeur de la moitié de la terre ; ou, pour parler plus exactement, donner les dimensions éclairées par le jour solaire à l'équateur, ce qui est à peu près la même chose.

2° Figurer dans son enceinte le plan d'assemblage du bassin du Nil supérieur, ledit plan rapporté suivant deux axes, tel que les géomètres et les géographes le font de nos jours, avec cette différence que ces derniers se servent de la méridienne comme ligne principale et que les Egyptiens se servaient de la ligne équatoriale comme base.

(1) C'est dans cette chambre que M. Charles Lagrange a trouvé l'*étalon* du yard anglais.

. La Grande Pyramide renferme la carte d'assemblage ; et les autres, plus au Sud, le plan particulier de chaque bassin ou lac que forment les sources.

Ces Pyramides sont les livres bibliques par excellence. Elles seules pouvaient donner l'explication des métaphores dont s'est servi le Patriarche Moïse dans les premiers chapitres de la Genèse, chapitres relatifs à la Création et à la perte du Paradis terrestre, mais pour cela fallait-il encore posséder le texte sacré qui s'y adapte et en trouver l'interprétation. Si l'on ne réunit ces trois éléments : le texte sacré qui a servi à écrire la Genèse, le texte de la Genèse et si l'on ne compare ces deux premiers au troisième élément, c'est-à-dire aux Pyramides, il est impossible de savoir :

1° Ce que, par des métaphores voulues, Moïse a décrit dans la Genèse au sujet de la Création et du Paradis terrestre disparu ;

2° D'interpréter le texte sacré sans connaître les métaphores de la Genèse ;

3° Et sans les Pyramides de Memphis, de comprendre les métaphores de la Genèse de Moïse et d'interpréter les caractères sacrés des Grands-Prêtres égyptiens.

Ces trois éléments forment un ensemble indissoluble dont le Grand Sphinx est le complément. Leur séparation a été la seule cause de l'obscurité qui les a rendus inintelligibles jusqu'à notre époque.

Le Grand Sphinx de Memphis est le complément des Pyramides du Groupe de Ghizeh.

On voit sortir le Nil du large poitrail du Sphinx, au-delà d'une montagne, venant d'un pays dans lequel vivent les lions. La tête d'homme qui couronne le corps du Sphinx indique que ce fleuve a été amené dans la Vallée égyptienne par le génie de l'homme.

Les six cataractes ou rapides sont bien indiquées sur la barbe du Sphinx qui symbolise le flot du Nil dans les rapides.

Les dits parallélipipédes rectangles placés à droite de la barbe symbolisant les lacs qui servent de sources au Nil. Ils sont en même nombre que les chambres de la Grande Pyramide et ils ont les mêmes proportions que ces chambres.

Au-dessous de ces parallélipipédes, sur le fronton du portique de ce que l'on était convenu d'appeler un petit temple ; et à droite, en retour, on remarque en trois endroits différents, trois traits horizontaux surmontés d'un lion, à l'extrémité desquels se trouve placé un homme. Cet homme semble tirer avec violence sur ces trois traits, qui sont encore le Nil Bleu, le Sobat et le Nil Blanc (trois traits, trois fleuves, comme dans le texte sacré expliqué dans ce chapitre), afin de les attirer dans la Vallée égyptienne qui est symbolisée par les jambes du Sphinx. Cette explication seule pourrait suffire, étant donnée l'expression de violence de l'homme tirant sur ces trois traits pour établir que le Nil a été créé de main d'homme.

Le Spinx, en résumé, est ce qu'il y a de plus beau dans l'idéographie ou Écriture sacrée égyptienne. Quelle merveilleuse façon d'écrire sa pensée !

III

L'HÉDEN DE MOISE. — LA MER ROUDAIRE

Le Melrir, le Rharsa et le Djérid formaient l'ancien lac Triton que nous appellerons désormais *Mer Roudaire*, du nom de l'officier supérieur qui, le premier, a révélé l'existence, *dans les temps historiques,* d'une mer intérieure au sud de la Tunisie et de l'Algérie.

Cette mer intérieure desséchée se trouve entre le seuil de Gabès, au-dessus du golfe du même nom, et 3°45' long. E. de Paris et 34°40' et 33°45' de lat. N. Sa longueur totale parait être de 400 kilomètres environ.

Cet ancien lac, ou petite mer, n'était pas, comme on le croit communément, un golfe de la Méditerranée, mais bien un bassin ou réservoir particulier dont le niveau était supérieur de 50 mètres à celui des eaux de la mer Méditerranée.

Moïse, dans la Genèse, chapitre II, V. 11, 12, 13 et 14, nous apprend que quatre fleuves venant du Pays d'Héden déversaient leurs eaux dans son sein, ces quatre fleuves étant alimentés par un fleuve unique : LE NIL !

« Et un fleuve sortait d'Héden pour arroser le jardin, et de « là il se divisait en quatre fleuves. » (Moïse, Ch. II, V. 10.)

Ces quatres fleuves desséchés, à ciel ouvert, sont : le *Souf*, l'*Igharghar*, prolongé par le *fleuve Tidjondjelt* (ancien *Triton*), l'*oued Miya*, et l'*oued Djeddi* (ancien *Nigris*). L'immense nappe qu'ils fournissaient avant la création du Nil, alimentait l'ancien lac Triton, dont il ne reste plus aujourd'hui que les chotts Melrir, Rharsa et Djérid. La masse liquide qui n'avait pas été consommée par l'évaporation se déversait dans la Méditerranée par un étroit canal, aujourd'hui recouvert par les sables, lequel débouchait au fond du golfe de Gabés. (?)

La communication avec la mer cessa peu à peu et le lac Triton se transforma en marais à mesure que l'eau détournée dans la Vallée Egyptienne fit défaut aux fleuves sahariens ou aux quatre fleuves du pays d'Héden. Faute d'apports suffisants, le volume d'eau se trouva de plus en plus réduit par l'évaporation et le pays, de fertile qu'il était, se trouva transformé en désert : C'est ainsi que commença le désert saharien à l'aurore des *temps historiques.*

M. le colonel Roudaire a rencontré beaucoup d'adversaires au cours de ses magnifiques travaux. S'il n'a pas réussi dans ses admirables projets, c'est qu'il n'était encore venu à l'idée de personne, d'assimiler les textes bibliques à l'histoire des premiers âges de notre société : D'aucuns, les fanatiques (catholiques, protestants et autres) attribuent aux textes de l'Ancien Testament un sens trop absolu ; d'autres, les philosophes, comme Voltaire, J.-J. Rousseau, Ernest Renan, etc., ne leur donnent d'autre valeur que celle que l'on peut accorder à un Conte des Mille et une Nuits. C'est une erreur profonde de la part des uns et des autres.

Parmi les adversaires de son projet de la Mer intérieure, M. le colonel Roudaire a eu M. le docteur Rouire (1), qui a publié un ouvrage dans lequel il démontre que la Région Tritonique n'existe pas là où M. le colonel Roudaire l'a placée. M. le docteur Rouire établit son opinion sur des renseignements recueillis au cours d'une mission que lui a confiée M. le Ministre de l'Instruction publique et sur l'examen de

(1) *La découverte du Bassin hydrographique de la Tunisie centrale.* Docteur Rouire, Paris, Challamel, 5, rue Jacob.

documents ou ouvrages d'auteurs grecs et latins, dont le
premier, Hérodote, vivait au IVe siècle avant J.-C., c'est-à-
dire, il y a 2,300 ans de nos jours et 2,700 ans après la création
du Nil qui a amené le desséchement des quatre fleuves bibliques (le *Souf*, l'*Igharghar*, l'*oued Miyâ* et l'*oued Djeddi*) du
pays d'Héden qui se déversaient dans le grand lac Triton.
M. le docteur Rouire a certainement été de très bonne foi en
combattant les projets de M. le colonel Roudaire, mais quel crédit
peut-on accorder aux travaux de ces savants grecs et latins
qui n'ont pas eu connaissance des causes qui ont amené le
desséchement des lacs et des fleuves de la région tritonique ?
Néanmoins, Pomponius Mela, qui vivait au Ier siècle ap. J.-C.,
dit que le lac Triton avait ses eaux à un niveau supérieur à
celles de la Méditerranée. Ce lac n'était donc pas encore
entièrement desséché.

Voici le passage, d'après M. le docteur Rouire, où il fait
allusion au lac Triton (1).

« Hadrumetum, Leptis, Clupea, Macomades, Thenæ, Nea-
« polis hinc ad Syrtim adjacent, Syrtis sinus est centum
« millia fere passuum qua mare accipit patens, trecenda, qua
« cingit........ Super hunc ingens palus amnem Tritona
« recipit, ipsa Tritonis, unde et Meneroæ cognomen inditum
« est ut incolæ arbitrantur, ibi genitæ......

« Ultra est œa oppidum et Cynips fluvius, tum Leptis
« altera et Syrtis, nomine atque ingenio par priori, altera fere
« spatio, qua dehiscit, quaque flexum agit, ampliori. »

En tenant compte de l'exactitude du texte mosaïque : Il y
avait quatre fleuves qui arrosaient un pays au sortir du jardin

(1) *De sirtu urbis*, I. VII.

d'Héden, ces quatre fleuves sont desséchés, ne coulent plus, on peut croire certainement que M. le colonel Roudaire a bien retrouvé la mer intérieure dans laquelle ces quatre fleuves se jetaient puisque, précisément, quatre fleuves desséchés aboutissent au lac *Melrir*. Et ces quatre fleuves étaient bien alimentés par un fleuve unique, le Nil ; en voici une preuve indiscutable : La première mission Flatters a constaté dans le lac *Menghough*, qui communique avec l'*oued Tidjoudjelt*, tributaire de l'*Igharghar* qui débouche dans le *Melrir*, la présence de poissons d'espèces semblables à celles que l'on trouve dans le Nil. Donc, les eaux qui autrefois ont coulé dans l'*oued Tidjoudjelt* et l'*Igharghar* pour de là se jeter dans le *Melrir* provenaient du Nil et ce sont elles qui ont amené ces poissons dans ce lac maintenant encaissé dans les dunes. M. le capitaine Brosselard, historiographe de la première mission commandée par M. le lieutenant-colonel Flatters, si malheureusement assassiné avec ses collaborateurs, a trouvé ce détail tellement important qu'il l'a consigné dans son travail ; voici ce qu'il dit (1) :

« Nous pêchâmes ce jour-là (dans le lac *Menghough*)
« d'énormes poissons, qui varièrent agréablement le menu de
« notre dîner ; détail assez curieux, ceux que nous prîmes
« appartenaient tous aux espèces qui se trouvent dans les
« eaux du Nil ou celles du Niger. »

Cette constatations de la mission Flatters, prouve que l'Igharghar a coulé à la période historique et non à une période géologique quelconque.

---

(1) *Les deux missions Flatters, au pays des Touareg Azdjer et Hoggar*, par Henri Brosselard, capitaine d'infanterie. — Jouvet et Cie, 5, rue Palatine, Paris 1889.

Il est utile de noter que c'est après avoir recueilli ce précieux renseignement que la mission dut se retirer devant l'attitude menaçante des Touareg, attitude commandée, croit-on, par des influences dont il est assez facile de deviner l'origine.

Mais si je suis d'accord avec MM. Carette, Tissot, Roudaire, Duveyrier et Largeau, quant à l'emplacement à assigner à la future mer intérieure, je dois, contrairement à leur opinion, dire et affirmer que le lac Triton n'a jamais été un bras de la mer Méditerranée ; que, au contraire, le lac Triton était une petite mer particulière dont le niveau était plus élevé de 50 mètres que celui des eaux de la Méditerranée.

Quant aux moyens indiqués par M. le colonel Roudaire pour réintégrer les eaux dans la mer intérieure africaine au moyen d'un canal à niveau avec la mer Méditerranée, j'en suis l'adversaire absolu. L'idée de la création de ce fleuve à rebours doit être condamnée comme une utopie qui est la conséquence de celle émise de la formation récente du seuil de Gabès, formation qui aurait empêché la mer Méditerranée de pénétrer dans les chotts.

Je prendrai mes indications, ou plutôt mes inspirations, pour mon projet de la mer intérieure, dans l'ancien Testament, d'abord chez Moïse, Genèse, verset 15, dont voici le texte :

« Et je mettrai de l'inimitié entre toi (le serpent) et la
« femme ; entre ta postérité et celle de la femme : Cette pos-
« térité t'écrasera la tête et tu la blesseras au talon. »

Voilà un texte qui est suspendu depuis de milliers d'années, comme un épée de Damoclès sur l'existence du Nil : C'est la première promesse du Messie.

Moïse, qui connaissait la fraude gigantesque qu'avait commise les Égyptiens, se doutait bien que cette fraude serait un jour découverte et il a pris soin, sous des aphorismes employés avec un grand art par les Grands-Prêtres, ses maîtres sacerdotaux, d'indiquer les origines mystérieuses du Nil, comme aussi de dessiner dans l'avenir les dangers qui le menaçaient : Écraser la tête du serpent *signifie* : établir un barrage à l'extrémité du Nil artificiel pour faire refluer les eaux du fleuve naturel dans le pays d'Héden, où la Providence les avait destinées.

La solution de la mer intérieure, comme celle de la reféconcation du Sahara, est en entier dans ces quelques lignes d'un laconisme singulier, laconisme qui n'empêche pas leur exactitude : La Pyramide et le Sphinx sont là pour assigner la signification qui leur convient.

Après le texte de Moïse, je prendrai celui d'Esaïe ; celui-ci contient un véritable projet de mer intérieure et de reféconcation du désert saharien en y réintégrant les eaux du Nil où elles coulaient jadis : Point d'aphorisme dans les textes d'Esaïe ; Esaïe a établi, c'est vrai, son projet sous forme de menaces ou de promesses divines, mais son projet n'en reste pas moins et il prouve que son auteur connaissait bien l'origine du Nil, le secret des Pyramides et du Grand-Sphinx et les causes de la stérilisation du Sahara. Les limites restreintes que je me suis imposées dans ce premier ouvrage m'obligent à ne citer que ces quelques passages d'Esaïe ayant trait à la reféconcation du Sahara et à la reconstitution de ses fleuves et de ses mers, en remettant dans le pays d'Héden, les eaux du Nil que les Égyptiens ont détournées. Dans ces passages qui forment un véritable projet de transformation du Désert Libyque, les catholiques-judaïsants ont voulu voir une prophétie contenant l'annonce de la venue du Christ (1).

CHAPITRE XI.

Rejeton d'Isaï. Règne du Messie. Rétablissement d'Israël.

« 15. L'Eternel exterminera aussi à la façon de l'interdit la « langue de la mer d'Egypte, et il lèvera sa main contre le « fleuve, et par la force de son vent il frappera sur les sept « rivières (2) tellement qu'on y marchera avec ses souliers. »

CHAPITRE XIX.

Prophétie sur l'Egypte. — Confusion des Egyptiens.

« 5. Et les eaux de la mer manqueront et le fleuve séchera « et tarira. »

« 6. Et on fera détourner les fleuves, les ruisseaux des « digues s'abaisseront et se sécheront, les roseaux et les joncs « seront coupés. »

« 7. Les prairies qui sont auprès des ruisseaux, et sur « l'embouchure du fleuve, et tout ce qui aura été semé vers « les ruisseaux, séchera et sera jeté loin et ne sera plus. »

(1) Aussi M. le professeur belge Ch. Lagrange qui a publié, parallèlement à ma publication dans la *Nouvelle Revue*, un ouvrage sur la Bible et la Grande-Pyramide, insiste sur une venue prochaine et certaine du Christ qui fera profiter exclusivement l'Angleterre des secrets de la Pyramide de Chéops; les Anglo-Saxons, qui sont les descendants des dix tribus dispersées d'Israël, devant seuls bénéficier des révélations bibliques.

(2) Les sept branches du Delta du Nil.

« 8. Et les pêcheurs seront dans le deuil, et tous ceux qui
« jettent le hameçon dans le fleuve gémiront, et ceux qui
« étendent les filets sur les eaux languiront. »

« 9. Ceux qui travaillent en lin et en fin crêpe, et ceux qui
« tissent des filets, seront honteux. »

« 10. Et ses chaussées seront rompues et ceux qui font des
« viviers seront dans l'abattement. »

« 15. Et il n'y aura plus rien qui sera à l'Egypte, de tout ce
« que fera la tête, ou la queue, le rameau ou le jonc. »

Il s'agit bien dans ces versets d'un projet de détournement
du Nil, et les versets suivants vont nous apprendre que le
détournement des eaux de ce fleuve avait pour but de rendre
la vie aux fleuves et aux mers du pays d'Héden : le Sahara.

CHAPITRE XLI.

Prophétie sur l'établissement de l'Evangile.

« 17. Pour ce qui est des affligés et des misérables qui
« cherchent des eaux, et qui n'en ont point, et dont la langue
« périt de soif, moi l'Eternel, je les exaucerai ; moi qui suis
« le Dieu d'Israël, je ne les abandonnerai point. »

« 18. Je ferai sortir des fleuves des lieux élevés, et des
« fontaines du milieu des vallées ; je changerai le désert en
« étangs d'eau, et la terre sèche en sources d'eaux. »

« 19. Je ferai croître au désert le cèdre, le sapin, le myrte
« et l'olivier ; je mettrai ensemblé dans la solitude le sapin,
« l'orme et le buis. »

CHAPITRE XLI.

Bonheur de l'Eglise sous le règne du Messie.

« 4. Et ils rebâtiront ce qui aura été désert depuis longtemps, ils rétabliront les lieux qui auront été auparavant
désolés, et ils renouvelleront les villes abandonnées, et ce
qui était désolé depuis longtemps. »

Je m'arrête là des citations de l'Ancien Testament. Les
citations prouvent que depuis des milliers d'années il a été
question de remettre les eaux du Nil dans le Sahara, et que
c'est en mettant cet ancien projet à exécution que l'on recréera
la mer intérieure Roudaire, et que l'on fera revivre les fleuves
morts du pays saharien ou d'Héden.

Cette divulgation met au grand jour tous les secrets qui
font la base de la religion mosaïque, secrets que renferment
les Pyramides et le Grand-Sphinx depuis une époque placée
au delà des traditions conservées. Nul doute cependant qu'elle
ne soit accueillie avec incrédulité, mais comme le dit le savant
professeur belge, Ch. Lagrange : « Ni la science, ni l'histoire,
ni la Bible ne sont plus falsifiables, la Pyramide existe », et
rien ne pourra réduire à néant la divulgation des secrets
renfermés dans ce beau *livre de Pierre* qui renferme l'histoire
de la création criminelle du Nil et celle de la stérilisation du
Sahara qui en est la conséquence.

Le Nil déverse en pure perte dans la Méditerranée environ
200 milliards de mètres cubes d'eau par année (1). L'humanité
entière est intéressée à faire cesser un tel gaspillage, car le
Sahara élargit chaque jour sa zone de stérilisation et, dans un

---

(1) Napoléon, *Histoire des campagnes d'Italie, de Syrie et d'Egypte.*

temps plus ou moins reculé, le gaspillage des eaux Africaines par les Egyptiens, réduira le continent noir en un vaste désert. Les sources du Nil, elles-mêmes, se ressentent du débit anormal de ce fleuve et subissent un abaissement lent et progressif qui n'est que le prélude de leur dessèchement. Voici ce que dit M. Speke qui a, *de visu*, constaté ce phénomène :

« A Ngambési, Nasib m'a montré un petit éperon mon-
« tagneux qui, du royaume de Nokolé à notre gauche se
« prolonge dans la direction du lac Victoria. Vers l'extrémité
« de l'éperon et sur notre droite se prolonge, à perte de vue,
« une plaine bien boisée, marécageuse, parsemée de vastes
« étangs qui, m'assure-t-on, portaient bateau il y a peu
« d'années mais se dessèchent par degrés, comme le lac de
« Rigi. Je suis porté à croire que le Victoria baignait origi-
« nairement le pied de ces montagnes et qu'il s'est trouvé
« réduit à ses dimensions actuelles par un abaissement pro-
« gressif de son niveau. »

Le Niger, lui-même, voit aussi le volume de ses eaux diminuer. Il y a un siècle, le port de Tombouctou se trouvait situé dans la ville même sur un bras du Niger qui occasionna, il y a cent ans à peine, une inondation dans la basse-ville. Aujourd'hui, ce bras a disparu et le port est à quelques kilo-mètres de la ville (1).

De nombreux puits se tarissent chaque jour par suite de l'abaissement de la couche aquifère et de la couche artésienne et menacent ainsi les oasis d'une prochaine disparition par suite du manque d'eau.

Le seul remède à apporter à cet état de choses consiste dans un aménagement rationnel des eaux de la région de l'Ouganda

(1) *Petit Journal.*

et dans la réintégration des eaux du Nil dans le Sahara. Ce moyen, qui s'impose comme une œuvre de haute justice sociale, fera recouler les fleuves africains du pays d'Héden (1), soit : Le *Souf*, l'*Igharghar*, l'*oued Miya* et l'*oued Djeddi* qui reconstitueront à nouveau par leurs apports l'ancienne mer intérieure, la moderne Roudaire, avec un plan d'eau de 50 mètres plus élevé que celui que lui avait attribué son immortel auteur dans ses projets et avec une étendue plus considérable.

Le projet de M. le colonel Roudaire doit donc être remis à nouveau à l'étude. Cela s'impose en présence des travaux du professeur belge, M. Ch. Lagrange, travaux qui paraissent n'être exécutés que dans l'intérêt de l'Angleterre.

Dans ses études, M. le docteur Rouire a démontré que le bassin hydrographique de la Tunisie centrale, enserré dans une chaîne de montagnes au sud et à l'est, n'avait aucune communication avec le grand bassin saharien. Ce bassin tritonique des auteurs grecs et latins ne doit donc pas être considéré comme étant l'ancien Triton, c'est-à-dire le bassin biblique qui comprend le grand lac Triton et les quatre fleuves bibliques. Mais la reconstitution par M. le docteur Rouire du bassin hydrographique de la Tunisie centrale n'en n'est pas moins une œuvre importante qui fait le plus grand honneur à son auteur qui, avec une persévérance et un travail considérable a fait connaître ce bassin sur lequel on n'avait plus que de vagues indices.

Comme complément des missions accomplies par MM. Roudaire, Flatters et Rouire, une autre mission paraît nécessaire. Cette mission aurait pour objet la reconnaissance topo-

(1) Les quatres fleuves bibliques de Moïse.

graphique des quatre fleuves bibliques de l'Héden et plus particulièrement de la vallée de l'Igharghar et de celle du Tidjoudjelt avec un nivellement entre le lac Melrir, où restent encore des repères du nivellement de la mission Roudaire, et le Nil au-dessus de la sixième cataracte au-dessous ou proche Khartoum. La reconnaissance topographique exactement faite de ces vallées desséchées est le seul moyen à employer pour reconnaître quelles relations ont existé entre la vallée supérieure du Nil et l'ancienne mer intérieure dont l'existence a été révélée par les travaux de M. le colonel Roudaire.

Alors, un congrès international pourra, en connaissance de cause, juger de quelle façon l'eau de la région de l'Ouganda doit être répartie en Afrique sans laisser à l'Angleterre le monopole des éléments vitaux du continent africain.

C'est la seule manière efficace à employer pour trancher l'importante question des Pyramides, du Sphinx, du Nil et de la future mer Roudaire, question pendante depuis 5,000 ans, d'après le témoignage des livres de Moïse et d'Esaïe.

FIN.

Arcis-sur-Aube. — Typ. Frémont